Tag und Nacht

Regenwald

DORLING KINDERSLEY
LONDON, NEW YORK, MELBOURNE,
MÜNCHEN und DELHI

Text und Redaktion Fleur Star
Gestaltung Jacqueline Gooden

DTP-Design Almudena Díaz

Bildrecherche Jo Walton

Herstellung Lucy Baker
Cheflektorat Susan Leonard

Fachliche Beratung Kerstin Swahn, Julio Bernal und Evan Bowen-Jones von Fauna & Flora International

Mit besonderem Dank an Lisa Magloff für die Projektentwicklung

Für die deutsche Ausgabe:
Programmleitung Monika Schlitzer
Projektbetreuung Martina Glöde
Herstellungsleitung Dorothee Whittaker
Herstellung Gerd Wiechcinski

Bibliografische Information Der Deutschen Bibliothek
Die Deutsche Bibliothek verzeichnet diese Publikation in der Deutschen Nationalbibliografie; detaillierte bibliografische Daten sind im Internet über http://dnb.ddb.de abrufbar.

Titel der englischen Originalausgabe:
24 Hours Rainforest

Übersetzung Michael Kokoscha

ISBN 10: 3-8310-0907-4
ISBN 13: 978-3-8310-0907-7

Colour reproduction by Colourscan, Singapore
Printed and bound in China by L. Rex

Besuchen Sie uns im Internet
www.dk.com

Willkommen im Regen

6:00 Uhr Dämmerung

10:00 Uhr Morgen

Im Regenwald herrscht Betrieb wie in einer Großstadt. Verbringe 24 Stunden mit einigen seiner farbenfrohen Bewohner und entdecke, wie sie fressen, schlafen, ausruhen und spielen.

wald Amazoniens, dem größten der Welt.

14:00 Uhr Nachmittag

18:00 Uhr Dämmerung

22:00 Uhr Nacht

In diesem Buch verbringen wir einen Tag und eine Nacht im Amazonas-Regenwald, um uns seine Bewohner anzuschauen. Innerhalb dieser Zeit kehren wir immer wieder zu den hier abgebildeten vier Tieren und der Pflanze zurück.

Kapuzineraffe

Die 35 cm großen Kapuziner gehören zu den kleineren Affenarten. Ihre Schwänze sind so lang wie der Körper und werden beim Klettern und Laufen wie ein fünftes Bein eingesetzt. Die Affen können auch aufrecht laufen, wenn sie Nahrung tragen.

Der Amazonas-Regenwald ist der größte der Welt und bedeckt zwei Fünftel Südamerikas. Durch ihn windet sich der Amazonas.

Jaguar

Jaguare sind mit Ausnahme der Weibchen mit ihren Jungen Einzelgänger. Sie sind die größten amerikanischen Katzen und können von Kopf bis Schwanz 1,8 m lang werden.

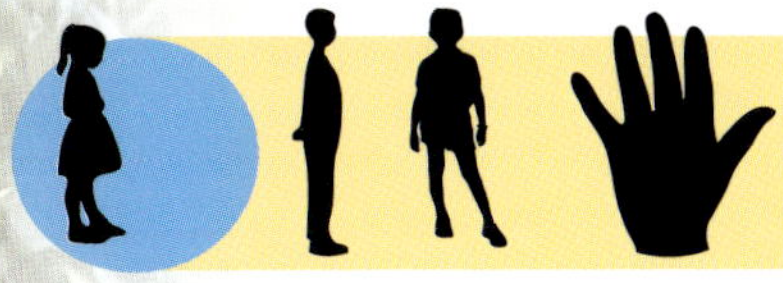

Einleitung

Maßstab: Die Symbole helfen dir dabei, die Größe der Lebewesen in diesem Buch einzuschätzen. Die Kinder sind etwa 115 cm groß. Erscheint die Hand, nimm deine Hand zum Vergleich.

Jahreszeiten im Regenwald

8:02 Uhr Das Buch zeigt die Trockenzeit. In der Regenzeit von März bis August kann alles überflutet sein. Die Zeitangaben zeigen, wie schnell sich etwas ändern kann.

Arakanga

Der Arakanga wird auch Hellroter Ara oder Gelbflügel-Ara genannt. Man kann oft Paare beobachten. Die Vögel können bis zu 56 km/h schnell fliegen und werden von Kopf bis Schwanz 90 cm lang.

Helikonie

Helikonien fallen durch ihre leuchtend rot gefärbten Deckblätter auf, die an Papageienschnäbel erinnern. Darin verbergen sich die Blüten der Pflanze.

Blauer Morphofalter

Die prächtigen Flügel der Morphofalter werden zwischen 12 und 20 cm groß. Das Männchen ist kräftiger blau gefärbt, um Weibchen anzulocken.

Ein Urwaldriese ragt über das Kronendach des Regenwalds empor.

Nahe des Äquators ist die Morgendämmerung schnell vorbei. Das ganze Jahr über geht die Sonne zur gleichen Zeit auf. Sobald sie über dem Kronendach steht, dringt ihr Licht durch das Laub und erwärmt den Wald.

Was ist um 6 Uhr los?

Der **Jaguar** legt sich nach der erfolgreichen nächtlichen Jagd schlafen. An bedeckten Tagen setzen Jaguare die Jagd auch tagsüber fort.

Der **Kapuzineraffe** wird gerade wach. Er zieht vom Schlafbaum auf einen anderen um. Dort schält er die Borke ab, um Insekten zu suchen.

Arakangas versammeln sich, um vor dem Frühstück Ton aufzunehmen. Er schützt sie vor den Giftstoffen der Samen, die sie fressen.

Der **Morphofalter** verpuppt sich von der Raupe in einen Schmetterling. Die Puppe hat nun einige Wochen lang am Blatt gehangen.

Kolibris sind ideale Bestäuber der **Helikonien**. Sie werden von den leuchtend roten Deckblättern angelockt und mit Nektar belohnt.

Brüllaffen sind laute Tiere!

Nachdem sie den Regenwald mit ihren Rufen geweckt haben, die man 16 km weit hören kann, frühstücken sie erst einmal.

Brüllaffen fressen mit dem Kopf nach unten Früchte und Blätter.

Brüllaffen treffen nicht gern auf Gruppen ihrer Artgenossen, weil es Streit wegen der Nahrung gäbe. Mit ihren Rufen sagen sie, wo sie sind.

Das Baby klammert sich an die Mutter. Es kann noch nicht selbstständig fressen.

Morgenchor

Brüllll

Sowohl die Roten als auch die Schwarzen Brüllaffen leben im Amazonasgebiet.

Ruf der Wildnis

Der Chor beginnt mit dem Ruf eines einzelnen Männchens, der sich wie ein atemloses Bellen anhört. Andere Affen stimmen ein und zum Schluss hört man die Tiere im ganzen Wald.

Wenn die Aras

ihren Ton gefressen haben, frühstücken sie vielleicht im Paranussbaum. In der Baumkrone sitzen auch Brüllaffen, Faultiere und Raupen, die die saftigen Blätter fressen.

Kein Tier könnte an die Paranüsse kommen, wenn es das **Aguti** nicht gäbe. Es ist das einzige Tier, das die äußere Hülle der Nüsse aufbeißen kann.

Mit einem Alter von bis zu 1000 Jahren sind Paranussbäume die ältesten des Waldes. Sie sind sehr groß und können sogar das Wetter beeinflussen: Sie geben so viel Wasser ab, dass Wolken entstehen.

„Ich knabbere ein paar Nüsse und vergrabe den Rest.“

Das Aguti kann die Frucht mit seinen scharfen Nagezähnen öffnen.

Paranuss-Frühstück

Paranüsse stecken in einer Hülle, die so **schwer** wie eine Kanonenkugel ist.

Kapuziner trinken das Öl und fressen auch die Nüsse.

Metallisch blaue Bienen sind der Schlüssel zum Erfolg der Paranuss. Als einzige Insekten können sie die Blüten bestäuben. Ohne sie gäbe es keine neuen Bäume!

Diese Bienen nennt man Goldbienen. Sie benutzen den Duft von Orchideen, um Partner anzulocken.

Viele verschiedene Tiere

ernähren sich von Feigen. Der Baum trägt das ganze Jahr über Früchte, sogar während der Trockenzeit, wenn andere Bäume nichts zu bieten haben.

Der Kreislauf des Lebens

9:15 Uhr Feigen können nur von den winzigen Feigenwespen bestäubt werden. Das Weibchen kriecht dazu in ein winziges Loch.

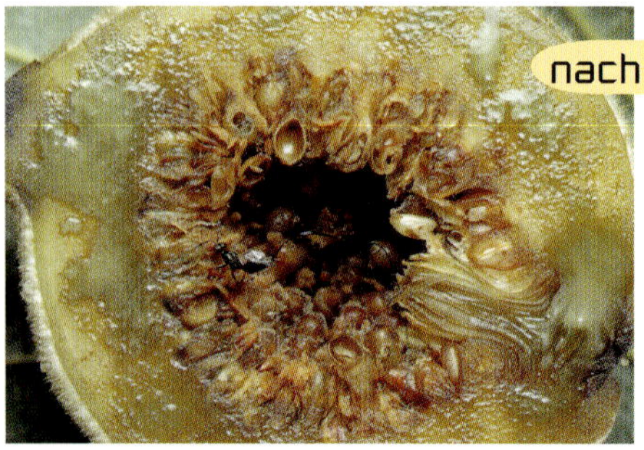

nach 2 Tagen Es legt seine Eier in der Feige ab und bestäubt sie dabei. Feigenwespen können sich nur in der Feige vermehren.

nach 30 Tagen Die Jungen fliegen zur Eiablage zu einer anderen Feige und nehmen Pollen mit. Der Kreislauf beginnt von vorn.

Die Feige besteht aus vielen Blüten in einer Hülle.

Feigen können erst nach der Befruchtung reifen. Die Wespen verlassen den Fruchtstand schon vorher.

Bis zu 20 Arten von Feigen können im selben Teil des Waldes wachsen. Die Früchte sind verschieden groß und unterschiedlich geformt. Die größte ist so groß wie ein Tennisball.

Feigen für alle

Ranken und Lianen wachsen auf den meisten Bäumen und machen ihnen in Bezug auf Licht und Nährstoffe Konkurrenz. Bäume versuchen sie loszuwerden, indem sie die Äste bewegen oder sogar abwerfen.

Große, über den Boden wachsende Brettwurzeln zeigen, dass die Humusschicht im Regenwald dünn ist. Die Wurzeln geben dem Baum Halt.

Bevorzugte Früchte

Schmetterlinge lassen sich herabgefallene Feigen schmecken. Sie können nicht kauen und müssen deshalb den Saft durch ihren Rüssel aufnehmen.

Gelbohrfledermäuse fressen Feigen frisch vom Baum. Sie schälen die Frucht mit den Zähnen, bevor sie die Samen darin fressen.

Der **Nasenbär** sucht mit seiner langen Nase nach Futter. Doch er braucht sich nicht sehr anzustrengen, weil Feigen so einfach zu pflücken sind.

Für den kräftigen Schnabel des **Gelbbrust-Aras** ist eine Feige ein Kinderspiel. Aras können ihre Nahrung mit den Füßen zum Schnabel führen.

10:00 Uhr

1 Jaguar   2 Klammeraffe

Die Sonne dringt durch die Bäume und erwärmt den Wald auf 27 °C. Der Jaguar hat ein schattiges Plätzchen auf dem Waldboden gefunden. Meistens schläft er tagsüber, doch der Hunger treibt ihn zur Jagd.

Was ist um 10 Uhr los?

Oben im Baum wirkt das Fell des **Jaguars** wie Sonnenlicht, das durch die Blätter dringt. Da er hier keine Feinde hat, kann er in Ruhe schlafen.

Abgesehen vom Mittagsschlaf fressen die **Kapuziner** den größten Teil des Tages. Sie können Steine zum Knacken von Nüssen benutzen.

Der **Ara** setzt seinen kräftigen Schnabel wie ein zusätzliches Bein ein. Er kann damit Nahrung zerbeißen und beim Klettern Äste ergreifen.

Die Puppe des **Morphofalters** platzt und 20 Minuten später erscheint der Schmetterling. Er ruht zwei Stunden, um seine Flügel zu trocknen.

Die Gelbohrfledermäuse benutzen die Blätter der **Helikonie** als Unterschlupf. Sie zerbeißen sie, sodass sie herabhängen und sie schützen.

Ein Einbruch findet am hellichten Tage statt. Der Ameisenbär hat einen Termitenhügel entdeckt und steckt seine Schnauze hinein. Die lange, dünne Zunge fährt 160-mal pro Minute in den Bau und wieder heraus, um die Insekten aufzulecken.

Ameisenangriff

Die **langen Schnauzen** dienen den Ameisenbären nicht nur zum Aufsaugen der Nahrung. Mit der Nase spüren sie die Ameisen- und Termitenbaue auf. Sie können schlecht sehen und verlassen sich auf den Geruchssinn. Wenn sie nicht an die Insekten herankommen, reißen sie den Bau mit ihren starken Krallen auf.

Die Rache der Azteca-Ameisen

11:00 Uhr Die Azteca-Ameisen sind die Lieblingsspeise des Tamandua-Ameisenbärs. Sie leben im Ameisenbaum, der sie auch mit Nahrung versorgt.

nach 1 Tag Ohne dem Baum zu schaden legt die Ameisenkönigin ihre Eier in die engen Stängel. Hier sind sie vor Räubern sicher.

nach 8 Tagen Die Ameisen greifen alle Tiere an, die dem Baum zu nahe kommen, sogar den Tamandua.

Blattschneiderameisen laufen mit Blattstückchen über den Waldboden und bringen sie in ihr Nest.

Die Ameisen fressen Pilze, die auf den Blättern wachsen.

In jedem Regenwald der Welt leben Affen, von den Orang-Utans bis zu den Lemuren. In Südamerika gibt es vor allem kleine Affen, die gern in der Sonne spielen!

Klammeraffen haben kleine oder gar keine Daumen. Sie schwingen sich mit vier Fingern durch die Bäume.

Die Baum bewohnenden Krallenäffchen fressen von Eiern bis zu Früchten alles.

Eichhörnchengroße **Krallenäffchen** jagen durch die Bäume. Sie können aus 20 m Höhe auf den Boden springen.

Silberäffchen werden als Zwillinge geboren. Sie ernähren sich von Baumsäften

Klammeraffen sind den ganzen Tag aktiv und können den Schwanz zum Klettern benutzen. Doch sie klettern nicht zu hoch, weil sie sonst von Greifvögeln erwischt werden.

Affentheater

Nur jüngere **Wollaffen** haben genug Energie, um mittags aktiv zu sein. Ihre Eltern ruhen sich aus. Wie viele größere Affen bevorzugen sie ein gemütliches Essen oder die gemeinsame Fellpflege.

Mit dem Schwanz können die Tiere Nahrung ergreifen.

Das **Totenkopfäffchen** unterbricht seine Nahrungssuche und beschäftigt sich mit einem der Nachteile seines Fells – den Flöhen.

Uakaris sind überall von rotem Fell bedeckt, nur nicht im Gesicht. Sie lassen sich bei der Partnersuche von der Gesichtsfarbe leiten: Je kräftiger rot der Kopf ist, desto gesünder und attraktiver ist das Tier.

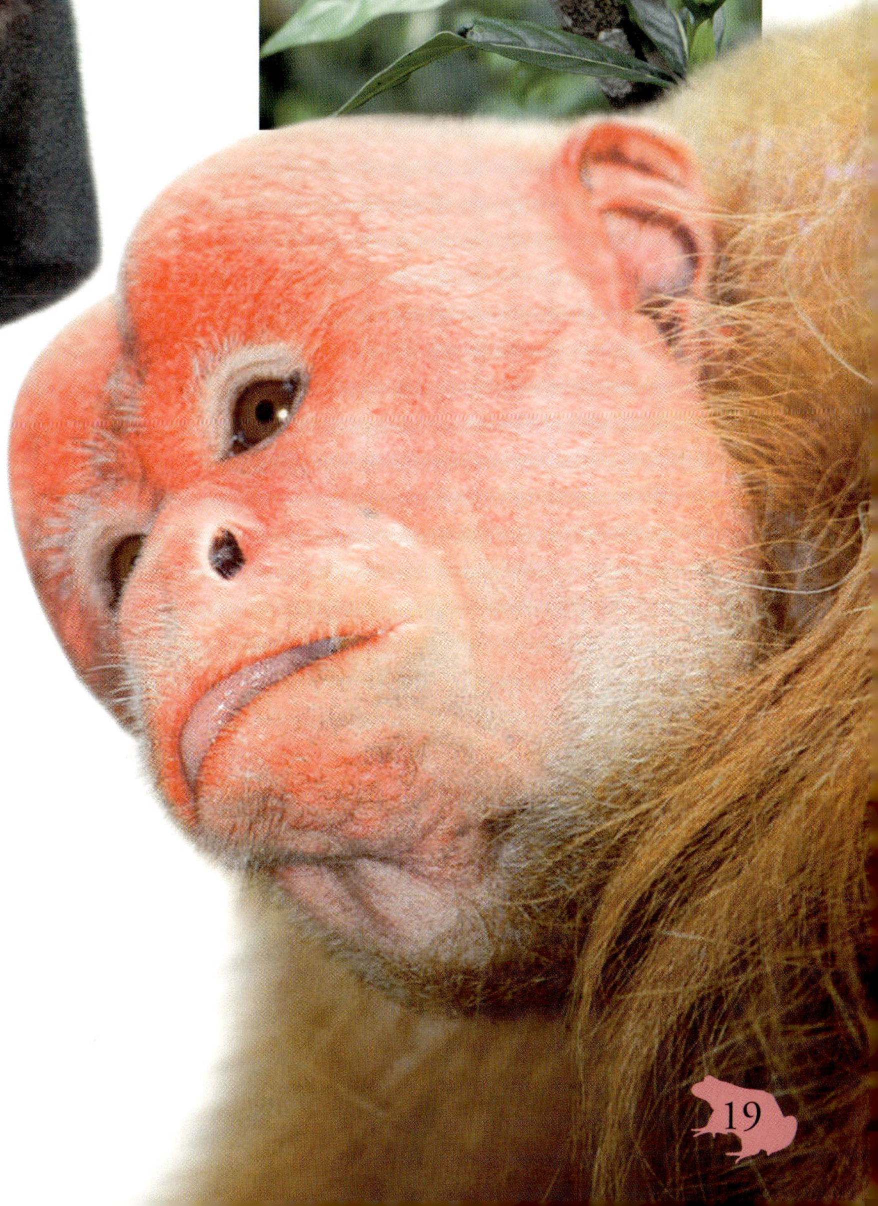

Als kleinster Affe der Welt kann sich das **Zwergseidenäffchen** zwischen den Blättern verstecken.

Mit einer Flügelspannweite von 2 m ist die Harpyie einer der größten Adler der Welt.

Jede Klaue ist fingerlang. Mit 7 cm Länge ist die hintere die gefährlichste.

Es ist Zeit zum Mittagessen und die Harpyie – einer der kräftigsten Vögel der Welt – geht auf Jagd.

Allein zu Haus

Zurück von der Jagd
Die Mutter kehrt mit den Resten ihrer Beute zum Nest zurück und füttert den Jungvogel. Im Alter von zehn Monaten wird er selbstständig auf die Jagd gehen können.

Wachen und warten
Ein Jungvogel wartet im Nest auf seine Mutter. Harpyien jagen im Kronendach und stoßen auf die verschiedensten Tiere von Faultieren bis zu Schlangen hinab.

Kein Problem für diese Schnäbel und Klauen!

Der Schnabel ist zum Zerlegen der Beute ideal.

14:00 Uhr

1 Rotaugenlaubfrosch

Ein plötzlicher Regenschauer setzt ein. Er dauert nur eine halbe Stunde – doch manchmal regnet es tagelang. Der Regen unterbricht das Geschehen im Kronendach und weckt den Rotaugenlaubfrosch.

Was ist um 14 Uhr los?

Der **Jaguar** schützt sich im dichten Gebüsch vor dem Regen. Ein kurzer Schauer erreicht unter den Bäumen kaum den Waldboden.

Die **Kapuziner** unterbrechen Fellpflege und Nahrungssuche wegen des Regens. Sie kuscheln sich aneinander, um sich zu wärmen.

Die **Aras** sollten für ihre Jungen Futter suchen, doch wegen des Regens bleiben sie im Nest. Bei starkem Regen verhungern viele Jungvögel.

Der **Morphofalter** hat seine Flügel getrocknet, die nun blau schimmern. Er fliegt zum Waldboden, um zum ersten Mal als Schmetterling zu fressen.

Das Regenwasser sammelt sich in den Deckblättern der **Helikonie**. Hier legen die Moskitos ihre Eier. Größere Tiere trinken das Wasser.

Der Regen hat aufgehört und die Tiere tauchen wieder auf. Oder etwa nicht? Manche sind schwer zu erkennen. Insekten schützen sich durch Tarnung und die Leguane verschmelzen mit dem Grün der Bäume.

Auch **Leguane** verstecken sich vor Feinden. Bei Gefahr lassen sie sich einfach vom Ast fallen. Sie können einen Sturz aus 16 m Höhe unverletzt überstehen.

Die Unterseite der Flügel des **Morphofalters** ist braun – eine perfekte Tarnung auf dem Waldboden!

Die **Gottesanbeterin** kann leicht für einen Zweig gehalten werden.

Manche Insekten sind **seltsam** geformt, um sich zu verstecken.

Wie groß ist der Unterschied zwischen dem Stachel und der **Buckelzikade**?

Versteckspiel

Ist das eine Eule oder ein **Eulenfalter**? Das Insekt trägt auf den Flügeln Augenflecke, mit denen es seine Fressfeinde erschrecken kann.

Laubheuschrecken sind Meister der Tarnung. Eine **Blattschrecke** wird ein Teil des Waldbodens …

… während eine grüne **Laubheuschrecke** ein Blatt unter vielen ist.

Auf vielen Bäumen gibt es Flechten. Hier fällt die **Flechtenschrecke** kaum auf.

Die Stacheln dieser **Kegelkopfschrecke** dienen der Verteidigung, tarnen sie aber auch zwischen dornigem Gestrüpp.

16:00 Uhr

Anders als die versteckten Insekten sind Vögel auffällige Bewohner des Regenwaldes. Die Männchen versuchen die Weibchen mit leuchtenden Farben zu beeindrucken. Bei Gefahr fliegen sie schnell davon.

Der **Tukan** pflückt eine Frucht. Sein Schnabel ist so lang, dass er den Kopf zum Schlucken nach hinten werfen muss.

Der **Felsenhahn** lebt im Gebirgsregenwald. Für den Bestand des Waldes ist er sehr wichtig, da er die Samen vieler Bäume verteilt.

Die **Scharlachtangare** ist einer der wenigen Zugvögel des Regenwaldes. Sie lebt im Sommer in Nordamerika.

Bunte Vögel

Bei der Balz reibt der Vogel die Flügelspitzen aneinander und erzeugt so schnurrende Laute.

Zwei männliche **Schnurrvögel** zeigen sich an ihrem Balzplatz von der besten Seite.

Mit 1 Meter Größe von Kopf bis Schwanz überragt der **Hyazinth-Ara** die übrigen 27 Papageienarten des Regenwaldes. Diese Aras sieht man meistens in Bäumen. Nur zur Nahrungssuche kommen sie auf den Waldboden.

Viele Bromelien wachsen auf Bäumen, um dem Sonnenlicht näher zu sein. Andere leben auf dem Waldboden.

Bromelien sind für nachtaktive Frösche ideale Verstecke. Die **Rotaugenlaubfrösche** sind in den Blättern vor Feinden sicher.

Auf den Bäumen

wachsen tausende von **Bromelien**. Sie bieten den kleinen Tieren eine **wässrige** Heimat und den größeren eine Trinkwasserquelle.

Die Ananas ist auch eine Bromelie. Bei ihr sind viele einzelne Beeren zu einer großen Frucht geworden.

Ein **Zwergtaschenfrosch** trägt die Kaulquappen in seiner Tasche.

Wassergeburt

Weil Kaulquappen Wasser brauchen, laichen viele Frösche in Bromelienkelchen. Andere nutzen den Waldboden. Oft werden die Kaulquappen nach dem Schlupf zum Wasser getragen.

Bromelienblätter sind so steif, dass sie die **Echse** tragen können, die zum Trinken gekommen ist. Die Nährstoffe im Wasser können von der Pflanze genutzt werden.

Die Kelche mancher Bromelienarten können bis zu 45 Liter Wasser fassen!

Die Blüten befinden sich in der Mitte. Die meisten Pflanzen blühen nur einmal und sterben dann.

Die Wolken des Regenwaldes lassen die Sonne im Dunst verschwinden.

Die Sonne geht im Regenwald schnell unter. Für die Dämmerung bleibt wenig Zeit. Nach dem Einbruch der Dunkelheit ist der Wald von den Geräuschen der Frösche, Fledermäuse und Insekten erfüllt.

Was ist um 18 Uhr los?

Der **Jaguar** wacht auf und sucht nach einer kurzen Wäsche am Waldboden nach Nahrung. Er kann sehr gut klettern und schwimmen.

Die **Kapuziner** bereiten sich auf die Nacht vor. Sie durchsuchen die Bäume nach einem Abendessen und einem guten Schlafplatz.

Die **Arakangas** werden nach dem Regen wieder aktiv. Paare bleiben ein Leben lang zusammen. Man kann sie oft gemeinsam fliegen sehen.

Der **Morphofalter** kann bei der Nahrungssuche Gerüche mit den Fühlern wahrnehmen. Den Geschmack prüft er mit seinen Beinen.

Die **Helikonie** hat Besuch. Hier ist eine Ameise vom süßen Nektar angelockt worden. Sie kriecht in die Blüte, um zu trinken.

Der Sonnenuntergang ist für die Frösche die Zeit des Schichtwechsels. Die tagaktiven wie die Pfeilgiftfrösche schlafen nun. Jetzt streifen die Laubfrösche durch das Kronendach. Mit den großen Augen können sie im Dunkeln Beute und Feinde gut erkennen.

In der Dämmerung verschwundene Frösche

Grelle Farben warnen vor dem hoch giftigen **Schrecklichen Pfeilgiftfrosch**.

Pfeilgiftfrösche wie der **Azurblaue Baumsteiger** geben Gifte über ihre Haut ab.

Trotz seines Namens ist der **Goldbaumsteigerfrosch** oft schwarzgrün gefärbt.

Das **Erdbeerfröschchen** zählt mit nur 2 cm Größe zu den kleinsten Fröschen.

Nachtwache

Nicht alle Frösche leben auf Bäumen. Am Waldboden versucht ein **Hornfrosch** Angreifer zu erschrecken.

Wie alle Frösche müssen **Laubfrösche** feucht bleiben. Sie leben aber nicht in Tümpeln. Deshalb sind sie auf eine hohe Luftfeuchtigkeit angewiesen.

In Amazonien gibt es über 300 verschiedene Froscharten.

Laubfrösche haben keine Schwimmhäute, sondern Haftscheiben an den Zehen, mit denen sie Halt finden.

Nachts hört man viele hohe Klicklaute: Die Fledermäuse sind nun unterwegs. Die Insektenfresser unter ihnen tauchen zuerst auf. Sie sind bereits in der Dämmerung aktiv. Die Fruchtfresser kommen erst später.

Vampirfledermaus

Vampire trinken tatsächlich Blut. Ihr Speichel enthält ein Betäubungsmittel, sodass man den Biss kaum spürt.

Fransenlippenfledermäuse fressen Frösche. Sie können giftige und ungiftige an den Rufen unterscheiden.

Haarnasenfledermäuse gehören zu den Insekten fressenden Arten. Sie finden die Beute anhand ihrer Echos.

Fruchtfresser suchen ihre Nahrung mit Augen und Nase. Helle Früchte sieht man gut bei Nacht.

Manche haben so große Ohren.

Flattertiere

Die **Sackflügelfledermäuse** sind schon bei Sonnenuntergang unterwegs. Sie leben in Gruppen von bis zu 50 Tieren, die ihr Quartier zwischen den Brettwurzeln der Bäume haben.

Fischfang ohne Netz

20:29 Uhr Die tief fliegende Fischerfledermaus sucht den Fluss ab. Ihre Echoortung durchdringt sogar das Wasser.

20:30 Uhr Im Handumdrehen stößt die Fledermaus herab und hat einen nichts ahnenden Fisch gefangen.

Die Flügel bestehen aus Haut und werden von den Fingerknochen aufgespannt...

dass sie Insekten auch ohne Echoortung hören.

Blattnasen geben durch ihre großen Nasen Klicklaute ab. Sie sind lauter als bei den Fledermäusen, die ihr Maul zur Lauterzeugung benutzen.

Insekten fressende Arten finden ihre Beute mit Echoortung. Sie stoßen Laute aus und warten auf das Echo. Kommt es schnell zurück, ist etwas in der Nähe.

Faultiere schlafen pro Tag 15 Stunden. Sie sind meist in der Nacht unterwegs, wenn sie für Raubtiere schlecht zu sehen sind.

Das Junge klammert sich an den Bauch der Mutter, bis es selbst stark genug zum Klettern ist.

Grün werden

Besonders in der Regenzeit wachsen Algen im Fell des Faultiers. Sie tragen zur Tarnung des langsamen Tiers bei.

Faulenzer

Faultiere fressen Blätter, die nicht viel Energie liefern.

Abhängen

Mit den langen Beinen und Krallen sind Faultiere an das Leben in Bäumen angepasst. Mit ihren langen Vorderbeinen können sie kaum auf dem Boden laufen.

Faultiere scheinen ständig zu lächeln. Sie ändern ihren Gesichtsausdruck niemals.

Auf den Boden kommen

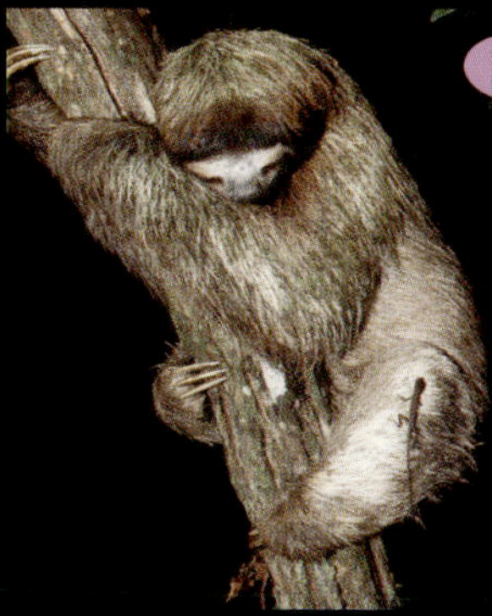

21:10 Uhr Etwa an jedem achten Tag muss das Faultier auf den Boden herab, um Kot abzugeben.

21:30 Uhr Es setzt seinen Kot an der Basis eines Baums ab. Die Losung ist für den Baum ein guter Dünger.

21:35 Uhr Im Fell des Faultiers leben Motten, die es nur verlassen, um Eier zu legen und vom Kot zu fressen.

1 Paka 2 Lanzenotter

Ein Paka hält plötzlich beim Fressen inne, als es eine getarnte Schlange bemerkt. Die hochgiftige Lanzenotter kann ihre Beute anhand der Körperwärme erkennen und mit extremer Geschwindigkeit zuschlagen.

Was ist um 22 Uhr los?

Der **Jaguar** ist auf der Jagd. Er ist kein wählerischer Esser. Deshalb gibt er sich mit jeder Beute zufrieden, die er bekommen kann.

Kapuziner schlafen in kleinen Gruppen in hohen Bäumen. Sie wählen den Platz so, dass sie es am Morgen nicht weit zum Frühstück haben.

Vor dem Schlafen überprüfen **Arakangas** ihre Nester. Heute haben sie die Spuren eines Raubtiers entdeckt, sodass der Schwarm flieht.

Morphofalter hängen an den Blattunterseiten. Sie schlafen in Gruppen und kehren jede Nacht an dieselbe Stelle zurück.

Die steifen Stängel der **Helikonie** sind ideale Stützen für Schlangen auf Beutesuche. Die großen Pflanzen bieten auch Fröschen ein Versteck.

Es gibt zwei Spinnentypen: Die einen weben Netze und die anderen jagen ihre Beute im nächtlichen Amazonien.

Zu den **Kammspinnen** gehören einige der giftigsten Spinnen der Welt. Sie haben genug Gift, um 225 Mäuse zu töten!

Vogelspinnen leben in Bauen und kommen nachts zur Insektenjagd hervor. Mit ihren kräftigen Kieferklauen beißen sie zu und spritzen der Beute ihr Gift ein.

Spinne am Abend

Essen ist ein geselliges Ereignis.

Die meisten Spinnen leben allein und fressen sich sogar gegenseitig. Ganz anders **soziale Spinnen** – sie bauen große, gemeinsam genutzte Netze. So können sie Beute fangen, die zehnmal so groß wie eine einzelne Spinne ist.

Ein Netz kann hunderte von Spinnen enthalten.

Das Essen ist da, spring schon!

Vorher Eine **Springspinne** kann mit einem Satz ihre 50-fache Körperlänge zurücklegen. Diese hier hat ihre Beute entdeckt …

Nachher ... und landet mit einem kurzen Sprung auf dem Insekt. Sie tötet es und beginnt zu fressen.

Manche Webspinnen lauern in der Mitte des Netzes auf Beute, andere sitzen am Rand.

Webspinnen errichten ihre runden, klebrigen Netze in offenen Bereichen zwischen Bäumen. Unvorsichtige Insekten gehen hier leicht in die Falle.

Im Schutz der Dunkelheit suchen Säugetiere ihre Nahrung und versuchen, Räubern aus dem Weg zu gehen. Da man im Dunkeln schlecht sehen kann, tasten sich viele mit den Schnurrhaaren voran.

Wickelbären leben in den Bäumen und ernähren sich hauptsächlich von Früchten. Man hört nachts oft, wie sie einander rufen und schmatzende Geräusche machen, wenn sie sich wohl fühlen.

Wickelbären sehen auch nachts gut. Ihr Augenhintergrund reflektiert das Licht, sodass die Augen im Dunkeln leuchten.

Wickelbären beißen sich direkt zum Nektar durch und lecken ihn mit ihrer 13 cm langen Zunge auf.

Nächtliche Säuger

Obwohl sie Nagetiere sind, werden **Pakas** größer als Katzen. Trotzdem fressen sie nur Samen und Früchte, die sie nachts suchen. Den Tag verbringen sie in ihrem Bau, dessen Eingang sie zum Schutz gegen Raubtiere mit Blättern verstopfen.

Ein Hundskopfschlinger hat ein Opossum erbeutet und **verschlingt** es Kopf voran.

Opossums sind Beuteltiere – die Weibchen vieler Arten tragen die Jungen in einem Beutel. In ihn kriechen die winzigen Babys hinein und bleiben dort drei Monate lang. Dann klettern sie auf den Rücken der Mutter.

Die **Zwergbeutelratte** ist ein Opossum, das keinen Beutel hat und die Jungen auf dem Rücken trägt. In zehn Tagen werden sie dafür zu schwer sein und müssen für sich selber sorgen.

Für den Jaguar war es eine lange Nacht. Schließlich hat er ein Gürteltier mit einem Biss in den Kopf töten können.

Der Name des Jaguars kommt vom Maya-Wort *yaguar*, das „der in einem Sprung tötet“ bedeutet.

Junge Jaguare bleiben zwei Jahre lang bei ihrer Mutter. In dieser Zeit lernen sie zu jagen. Auch das Spiel mit den Geschwistern ist eine wichtige Übung für den Kampf mit der Beute.

Kleinere Verwandte
Jaguare sind nicht die einzigen nachtaktiven Katzen. Ozelot und Margay jagen Beute wie Frösche, Insekten und Affen.

Der **Margay** kann sich in den Bäumen ähnlich geschickt wie ein Affe bewegen: Er kann im Geäst umherspringen und die Äste mit den Pfoten ergreifen.

Killerinstinkt
Die größte amerikanische Katze hat den zweitkräftigsten Biss aller Säugetiere. Ein Gürteltierpanzer ist für diese Kiefer kein Problem.

Der **Ozelot** kann sehr gut hören, riechen und auch nachts gut sehen. Er setzt seine Sinne ein, um seine Beute zu finden.

Von morgens bis abends

Hier werden einige Begriffe erklärt, die du kennen solltest, wenn du dich für die Tiere des Regenwaldes interessierst.

Algen: Einfache Pflanzen, die an feuchten Orten und sogar im Fell von Faultieren wachsen.

Bestäubung: Wenn Pollenkörner von einer Blüte zu einer anderen transportiert und dort abgegeben werden, wird die zweite Blüte bestäubt.

Beute: Tiere, die von Raubtieren gejagt, getötet und gefressen werden.

Brettwurzeln: Große Wurzeln, die zum Teil über der Erde wachsen und die Bäume stützen, weil die Humusschicht zu dünn ist.

Beuteltiere: Eine Gruppe von Säugetieren, die ihre Jungen in einem Beutel tragen, wie zum Beispiel Kängurus.

Deckblatt: Ein Blatt einer Pflanze, aus dessen Achsel eine Blüte entspringt.

Echoortung: Die Nutzung von Echos, um die Position von Gegenständen zu bestimmen. Im Dunkeln jagende Fledermäuse senden Laute aus und finden anhand der Echos Insekten.

Fressfeind: Ein Tier, das ein anderes verfolgt, um es zu töten und zu fressen.

Kronendach: Die aus den Baumkronen der meisten Bäume bestehende Schicht des Regenwaldes.

Migrationen: Die jährlichen Wanderungen von Tieren, die in Abhängigkeit von der Jahreszeit stattfinden.

Nachtaktiv: Nachtaktive Tiere suchen nachts nach Nahrung und schlafen tagsüber.

Nagetiere: Eine Gruppe von Säugetieren, die kräftige Nagezähne besitzen, zum Beispiel Pakas oder Mäuse.

Raubtiere: Fleisch fressende Säugetiere, wie z. B. Hunde und Katzen.

Rüssel: Röhrenförmiger Teil der Mundwerkzeuge, mit dem Insekten wie etwa Schmetterlinge ihre Nahrung aufnehmen.

Tagaktiv: Tagaktive Tiere gehen tagsüber auf Nahrungssuche und schlafen nachts.

Tarnung: Das Farb- oder Zeichnungsmuster eines Lebewesens, das wie der Hintergrund aussieht und so den Besitzer weitgehend unsichtbar macht.

Ton: Sehr feinkörniges (unter 0,002 mm Korndurchmesser) Lockergestein, das sich aus verschiedenen Mineralen zusammensetzt.

Tropen: Heiße Zonen nördlich und südlich des Äquators.

Unterholz: Gebüsch- und Pflanzenschicht über dem Erdboden.

Urwaldriese: Ein sehr großer Baum, der über das Kronendach hinauswächst.

Dank und Bildnachweis

Der Verlag dankt den Folgenden für die Genehmigung zum Abdruck ihrer Bilder:
l-links; m-Mitte; o-oben; r-rechts; ü-über; u-unten
Alamy: Brand X 19ur; Britishcolumbiaphotos.com 25ol; Sue Cunningham Photographic 10r; James Davis Photography 11ol; Danita Delimont 31mr, 34ml; Robert Pickett/Papillio 7mru, 15mru, 32 ol; Genevieve Vallee 19ol; Sue Cunningham/Worldwide Picture Library 2ol, 6ol, 6–7. **Arco:** P. Wegner 26–27. **Ardea:** Nick Gordon 10ul; Kenneth W Fink 21ur; M Watson 7mrü, 8ol, 37mrü. **Steve Bloom Images:** 5l, 7mr. **Corbis:** Theo Allofs 8ul; Gary Braasch 32–33u; Tim Davis 31or; Michael und Patricia Fogden 8–9, 17ur, 24mu, 25or, 27or, 29u; Paulo Fridman 5or; Frans Lanting 4l; Arthur Morris 26ur; Galen Rowell 2–3u, 2om, 30ol, 30–31. **Das Fotoarchiv:** Russell Gordon 31mru. **Phillip Dowell:** 4ur. **Fauna & Flora International:** Juan Pablo Moreiras 13l, ol. **FLPA:** Gerry Ellis/Minden Pictures 25mrü, 40l; Michael und Patricia Fogden/Minden Pictures 3or, 7ur, 13or, 23or, 23ur, 25mru, 25u, 29ol, 33or, 34mlü, 38ol, 38–39, 39ur; Gerard Lacz 5ml; Frans Lanting/Minden Pictures 18l, 23mr, 24mü; Claus Meyer/Minden Pictures 41ol; Mark Moffett/Minden Pictures 12ol, ml, 17o, m, mu, 37ur, 40ur; Pete Oxford/Minden Pictures 4or, 11r, 15mrü, 49; Tui de Roy/Minden Pictures 20l, 20–21, 28o, 39mr, 21or; SA Team/Foto Natura/Minden Pictures 18or, 39or, 44ul; Norbert Wu/Minden Pictures 13mrü. **Getty Images:** Tom Bean 41ur; Richard Ross 2or, 14–15, 14ol. **Lonely Planet Images:** John Hay 18ur. **Luiz Claudio Marigo:** 1. **Masterfile:** Mark Downey 15mr; Jeremy Woodhouse 26ol. **National Geographic Image Collection:** Darlyne A Murawski 41or. **Nature Picture Library:** Michael Durham 10ol Nick Gordon: 3or, 38ol, ul; Dietmar Nill 34ul, 34–35, 35ur; Pete Oxford 16, 34mlu, 36–37; Phil Savoie 31ur. **NHPA:** Anthony Bannister 12mlu; George Bernard 32ul; James Carmichael Jr 3ol, 5ul, 22–23, 22ol, 32mlü; Stephen Dalton 11ul; Adrian Hepworth 32 mlu, 39mrü; Daniel Heuclin 19ul, 26ul; Jany Sauvanet 43or; Roger Tidman 31mrü. **Oxford Scientific:** Alan und Sandy Carey 43m; Ken Cole 2om, 14ol, ul; Carol Farneti Foster 42, 43ur, 44–45, 45or; Michael Fogden 5ur, 24–25o&u; Paul Franklin 13ur; Paulo de Oliveria 36ul. **Photolibrary.com:** Michael Fogden 32r, 33, 37mru, 39mru; Nick Gordon 34ol, 43ol; Ifa-Bilderteam Gmbh 7or; Oxford Scientific 29or; Manfred Pfefferle 24ul; Picture Press 45ur; Mike Powles 13mru; Michael Sewell 28ur. **Science Photo Library:** Martin Dohrn 41ul; William Ervin 15or. **Still Pictures:** Luiz Claudio Marigo 9or, 15ur, 19or, 23mrü. **ZEFA:** 9.
Cover: Vorn: Alamy Images: Worldwide Picture Library (or), (oml2), (ol2). Corbis: Joe McDonald (oml), Michael & Patricia Fogden (mü), (omr), (m). Getty Images: Will & Deni McIntyre (or2). FLPA – Images of Nature: Michael & Patricia Fogden/Minden Pictures (mü), (omr), (m). N.H.P.A.: Stephen Dalton (mrü), (mlü). OSF/photolibrary.com (gomr2). Carol Farneti Foster (or2). South American Pictures (omr2), (ol2). Still Pictures (m). Zefa Visual Media UK Ltd: K Schafer (or). **Rücken:** Alamy Images: Travel Ink (m). Getty Images/JH Pete Carmichael (mu). FLPA – Images of Nature: Gerard Lacz (u); Michael & Patricia Fogden/Minden Pictures (o). **Hinten:** Ardea.com/Nick Gordon: (ul). Steve Bloom/stevebloom.com (mlü). FLPA – Images of Nature: Michael & Patricia Fogden/Minden Pictures (mro). N.H.P.A.: Martin Harvey (ur). Still Pictures: m. gunther (m).

Register